„Ick hau' Dir uff'n Kopp, bis de Läuse piepen!"

Berliner geflügelte Worte

Ursprünglich herausgegeben von

Paul Lindenberg, 1887

FAVORITEN PRESSE

2

„Wat willste, Kleena?"

Vorwort.

Was ist das auch für eine dämliche Antwort, wenn jemand auf die Frage, wie es denn gehe, antwortet „Ick kann nich meckern!". Eigentlich ist das Gespräch beendet, man könnte sich leicht irritiert wegdrehen und weitergehen. Schwamm drüber, einfach vergessen! Wir befinden uns aber in Berlin, Vorwahl 030, falls Sie noch mit Festnetz rummachen, Hauptstadt Deutschlands, 53. Breitengrad, 13. Längengrad. Der Winter dauert länger als er ist und in meinem Vorgarten, den ich nicht habe, stehen Touristen und machen Selfies. Freundlichkeit ist irgendetwas, was es hier nicht gibt, was die anderen erfunden haben, nicht wir. Auch den Service-Gedanken, das ewige „Wie kann ich Ihnen helfen?", „Einen schönen Tag noch!" hat jemand mitgebracht, der nicht kapiert, wie die Stadt funktioniert. Wie kann ich Ihnen helfen? Ich bin Ureinwohner, durch meine Leitungen pumpt 100 Prozent reines Berlin, mir kann keiner was. Ich helfe mir selbst. Auch wenn das nicht hilfreich ist. Aber zurück zum Meckern. Wenn also auf die Frage, wie es denn gehe, jemand antwortet „Ick kann nich meckern", befinden wir uns in Berlin, die innere Sonne strahlt, die Erde befindet sich exakt auf der Rotationsachse, alles ist bestens, hervorragend, die Welt ist im Lot, die Laune läuft auf Hochtouren, totale Party im inneren Gehäuse. Wer hier allerdings auch nicht meckern kann, der steht nur auf einem Fuß, die Betriebstemperatur ist empfindlich gesunken, es geht nur mit halber Kraft voran, es fehlt etwas Grundsätzliches, eigentlich ist die innere Ordnung total gestört. Denn niemand, wirklich absolut niemand, der in Berlin

3

geboren wurde und dieser verbalen Schnodderei mächtig ist, würde zugeben, bester Laune zu sein, warum auch, es stimmt ja auch gar nicht und zwar immer. So fügt sich miese Laune zu mieser Laune und alle sind zufrieden. Berliner Logik. So einfach ist das alles.

Eine von der Gesellschaft für deutsche Sprache in Auftrag gegebene Umfrage, die ein Marktforschungsinstitut durchführte, wurden 2014 Berlinerinnen und Berliner nach ihrer Einschätzung zum Berliner Dialekt befragt. Die meisten fanden ihn frech, schlagartig, witzig, schnoddrig oder ehrlich, manche liebenswürdig oder pöbelhaft. Nur wenige hielten ihn für intelligent. Aber welcher Dialekt klingt schon intelligent? Dialekt klingt meistens etwas dämlich, besonders natürlich der, den man nicht spricht. Und speziell bei denen, die nichts anderes sprechen können als diesen, gefangen in der Region, im Wahlkreis, im eigenen Tal, auch wenn da gar kein Tal ist. Ich kenne Dialekte aus dem Süden Deutschlands, die ich für eine akustische Zumutung halte, und kann selber so pervers-genial berlinern, dass es Menschen in meiner sehr nahen Umgebung für eine Zumutung halten, nicht nur akustisch, denn das in diesem Teil meiner Sprache Transportierte ist alles andere als differenziert. Ich berlinere, wenn mein Gegenüber es tut. Ich berlinere, wenn ich weiß, dass ich damit weiterkomme. Ich berlinere, wenn ich keine Lust habe, über dies oder das zu reden und mir einbilde, auf diesem Weg meinem Gegenüber, dies mitteilen zu müssen. Ich berlinere, wenn ich beim Bäcker stehe und endlich an der Reihe bin und die, die deutsch nur bruchstückhaft sprechen können, weil Berlin gerade billig für sie ist und nur eine Station ihrer beruflichen Karriere sein wird, zurückzucken. Vielleicht ist das alles auch nur ein bisschen Notwehr, vielleicht war es das Berlinerische in gewisser Weise schon immer.

Es war 1983 in Westberlin, ich war acht Jahre alt und wir standen am Kiosk und setzten unser Taschengeld in Süßigkeiten um. Wir kamen vom Bolzplatz, hatten einen Fußball dabei, aufgeschlagene Knie und verdreckte Gesichter. Während wir die Süßigkeiten aßen, lungerten wir immer neben dem Kiosk herum. Erwachsene unterhielten sich über Fußball, Politik und das Wetter und bestellten „jetze aba wirklich dit letzte Bier". Andere Kinder kamen vorbei und kauften Zigaretten für die Eltern. Der Mann, der den Kiosk betrieb, kannte uns alle und er rauchte Kette wie ein Cowboy, weil das Cowboys in Westberlin so machten. Der Mann sprach ein bretthartes Berlinerisch, das sich anhörte, als würde er die ganze Welt verachten und mit jeder gesprochenen Silbe gegen sie kämpfen. „Wat willste, Kleena?", sagte er, wenn wir vor die geöffnete Luke traten, aus der er seinen Oberkörper zu uns beugte, umrahmt von Zeitungen und Zeitschriften. Keine Spur von Servicegedanken und anderem Schnickschnack, warum auch? Er verbrachte in dem Kiosk die Hälfte seines Lebens, der Kiosk war seiner, er thronte darin und er fragte: „Wat willste, Kleena?" Ebenso gehörten die Busse den Busfahrern und es gab welche, die während einer Fahrt vom Stadtrand bis zum nächstgelegenen U-Bahnhof eine gute halbe Stunde brauchten und auf dieser Fahrt durch die Lautsprecheranlage, das Mikrofon unterm Kinn, eine Anekdote nach der anderen abfeuerten, selbstredend im feinsten 1a-nonplusultra-Berlinerisch. Es war witzig, es war großartig, die Welt war zusammengezogen auf diesen einen Bus und es war jedes Mal schade, wenn ich aussteigen musste.

Ich mag diesen aussterbenden Dialekt, der keiner ist, weil die Linguistik ihn als Metrolekt, als eine in einer Großstadt aus verschiedenen Dialekten entstandene Stadtsprache einsortiert. Ich bin damit aufgewachsen, überall wurde berlinert, alle taten es. Mein Großvater schenkte mir ein kleines Büchlein, das nur ein paar Seiten hatte, und in dem alle relevanten Berliner Mundart-Wendungen versammelt waren. Darin stand auch „Ick hau' Dir uff'n Kopp, bis de Läuse piepen!" Allein die Vorstellung, diese Redensart könnte in der Realität stattfinden, eine Mischung aus Comic, Bud Spencer und Absurdität, fand ich als Kind unglaublich komisch. Jeder Mensch in meiner Umgebung kannte nach nur wenigen Tagen diesen Spruch und wusste, dass ich ihn super fand. Das Berlinerische ist schroff, natürlich, schroff wie diese Stadt, aber gerade in der Schroffheit, in der strikten verbalen Abgrenzung zu anderen steigt der Berliner Ureinwohner auf die Höhen der Nächstenliebe. In dem Ausruf „Dir Aas kenn' ick!", der wie ein überproportionierter Hammer niedergeht, kann etwas Liebliches mitschwingen, wenn Sie sich nur bemühen, es hören zu wollen. Geben Sie sich einfach Mühe, es zu verstehen, sprechen Sie es vielleicht nach, warum nicht? Lernen Sie dieses Buch auswendig und Sie verlängern das Leben einer aussterbenden Sprache! Wir sind bald nicht mehr da! Sprache ist beweglich, sie verändert sich stetig und auch das

Berlinerische wird verschwinden wie die dauerredenden Busfahrer, wie der Typ in seinem Kiosk und wie der Kiosk. Es wird verschwinden wie die Wörter „abhold" und „Dreikäsehoch". Es wird verschwinden wie „Wetten dass..?" aus dem Fernsehen verschwand. Es wird verschwinden wie Harald Juhnke und Helga Hahnemann verschwanden, die zwei Knallköppe, die mediale Aushängeschilder dieser Stadt waren.

Als ich vor einiger Zeit auf einem U-Bahnhof wartete, sah ich die großen Worte „Einfach knorke". Eine Firma warb damit für ihre Plakatflächen. Knorke ist für mich der Inbegriff des Berlinerischen. Es bedeutet so viel wie „sehr gut", „super", „unschlagbar". Dieses Wort hat weder Komparativ noch Superlativ, das braucht es nicht. Es steht da wie ein Fels. Kurt Tucholsky schrieb 1924 eine Art Abgesang auf dieses Wort: „Lebe wohl, ‚Knorke'. Ruhe sanft. Hab keine Angst: deine Familie stirbt nicht aus. Du bekommst Nachfolger." Wie gut, dass sich „Knorke" wieder vom Ruhekissen erhob und weitermachte. Ich liebe dieses Wort sehr. Es möge den Erdball nie verlassen.

Björn Kuhligk

„Det Leben is schön, aber kostspielig."

Inhalt.

„Dummheit is ooch 'ne Jabe Jottes, aber man derf se nich missbrauchen."

Einleitung.

Der Witz und die Spottlust des Berliners sind weltbekannt und es würde „Witze nach Berlin tragen" heißen, wenn hier noch näher auf den oft guten, oft schlechten, meist aber treffenden Humor des Berliners eingegangen werden sollte. Daß die Auslassungen dieses Witzes und der Spottlust fast immer derbe und drastische sind, darf bei einer Bevölkerung nicht Wunder nehmen, die sich aus den verschiedensten Elementen zusammensetzt und die vor allen Dingen in der großen, lärmenden, in stetem Wachstum begriffenen Stadt von früh auf das Gefühl der Selbstständigkeit erhält und sich häufig genug veranlaßt sieht, energisch sich ihrer Haut wehren zu müssen. Selten wird man einen Menschenschlag finden, der so viele widersprechende Eigenschaften besitzt, wie es bei den eingeborenen Berlinern der Fall ist, selten aber auch wird sich eine Bevölkerung finden lassen, die aus einer so vielseitigen Blutsvermischung stammt, wie diejenige Berlins. Daraus erklären sich die vielerlei Vorzüge und Mängel, die der Charakter der Berliner aufweist, denn neben der größten Schadenfreude finden wir stete Hilfsbereitschaft, neben oft bösartigster Satire, die nichts verschont, tiefes Gerechtigkeitsgefühl, neben der Einbildung auf seine Bedeutung die eigene Verhöhnung, neben der Gleichgültigkeit gegen Andere überraschende Gutmütigkeit, neben häufig verletzendem Egoismus liebenswürdige Gastfreundschaft. Der Grundton des Wesens des Berliners ist ein handfester, durchaus nicht verfeinerter, aber meist ein ehrlicher, und er paßt zu seinem ganzen Benehmen und Charakter. Bittet doch schon Goethe seinen Freund Zelter: „Schreibe mir so derb als möglich, denn das kleidet Euch Berliner doch am besten," und bei einer anderen Gelegenheit sagt er, „man merkt, daß man mit der Delikatesse in Berlin nicht weit reicht, weil ein so verwegener Menschenschlag dort zusammenlebt, daß man Haare auf den Zähnen haben und mitunter etwas grob sein muß, um sich über Wasser zu halten."

Nun, Haare haben die Berliner wahrlich auf den Zähnen und sie machen nie und nirgends ein Hehl daraus. Der Berliner ist im Allgemeinen nicht sehr gesprächig, er hat dafür die seltene Gabe, oft mit einem einzigen Wort, mit einem Ausruf einen ganzen Satz auszudrücken, durch eine kurze, schnell hingeworfene Bemerkung eine weitschweifige Erzählung zu ersparen. Am liebsten hilft er sich mit einem Witz, mit einem Scherzwort; das ist dann nie ausgeklügelt, sondern stets schlagfertig und unmittelbar, „Trifft's, so trifft's! Trifft's nicht, so schadet's auch nichts," war bereits die Devise des alten Berliners, und sogar Hegel soll ja behauptet haben, daß „ein Berliner Witz mehr wert wäre wie eine schöne Gegend." Nur wenige Dinge gibt es, die sich der Witz des Berliners nicht zur Zielscheibe nimmt, diese Ausnahmen sprechen aber sehr für ihn, es sind unseres Wissens die Religion, das Königliche Haus und alte Leute.

Sonst ist vor seinem Spott kaum etwas sicher, und obwohl er Gefühl hat, oft ein sehr inniges Gefühl, zeigt er es nicht, sondern hilft sich über seine eigene Bewegung mit einem scherzhaften Schlagworte hinweg.
„Wer tiefer in das Leben und Treiben der Spreebewohner blickt" – sagte bereits 1842 Glasbrenner – „der wird trotz Staub und Sand einen Samen für weltgeschichtlich große und schöne Taten erkennen!"
In Nachstehendem haben wir versucht, das Wesen des Berliners in seinen geflügelten Worten zu schildern, wohl zum ersten Mal in einer derartigen Sammlung. Uns kam es darauf an, die einzelnen Seiten des Charakters der Berliner nun in ihren eigenen Redensarten zu beleuchten, die Kapitelüberschriften geben am besten davon Zeugnis. Das Material war ein zu reichliches, als daß wir es vollständig benutzen konnten, wir haben daher vorläufig nur eine Auswahl getroffen; auch mancherlei Irrtümer werden sich in den einzelnen Abschnitten finden, ein jeglicher Hinweis, eine jegliche Bereicherung des Wortschatzes wird uns daher zu ehrlichem Dank verbinden; hoffentlich aber geht das anspruchslose Büchlein nicht zum ersten und letzten Male hinaus in die Welt, auf seinen weiteren Fahrten soll es dann gern noch vollkommener und wohl ausgerüsteter erscheinen!

Paul Lindenberg, 1887

"Berliner Kind, Spandauer Wind, Charlottenburger Pferd,
Sind Alle drei nichts wert."

I.
Berlin und die Berliner.

Berliner Kind,
Spandauer Wind,
Charlottenburger Pferd,
Sind Alle drei nichts wert —

ein alter und oft zitierter Spruch; seltsamer Weise finden sich verhältnis-
mäßig nur wenig bekannte geflügelte Worte über Berlin selbst wie über
seine Einwohner.
Mit Spreewasser getooft, oder
Der ist auch mit eau de Spree getauft, hört man ziemlich oft, desgleichen
Wir Berliner sind nicht so schwer von Begriffen, welchen Satz nach be-
kannter Lesart ein Tabaksspinner geäußert haben soll, als man ihm das
Urteil seiner Hinrichtung vorlas und ihn fragte, ob er es verstanden habe.

Das ganze Selbstbewußtsein des Berliners spricht sich wohl in dem kurzen Satz aus, den ein Berliner auf dem Rigi beim Sonnenaufgang geäußert haben soll, als man sich bei ihm erkundigte, wie ihm dies herrliche
Schauspiel gefalle:
Wat hilft et mir, wenn ick den Kreuzberg nich sehe!

Für die Umgegend Berlins wird kurz und bündig gesagt:
Jejend, lauter Jejend, nischt wie Jejend, freilich kann auch gerade dieses
Wort oft außerhalb und dann in recht ironischem Sinne geäußert werden.

II.
Ausrufe der Freude und Verwunderung.

Der Wortschatz des Berliners ist ganz besonders reich an kurzen präg-
nanten Ausrufen, die oft mehr sagen, wie ein langer Satz. Eine genaue
Trennung dieser Ausrufe ist schwer möglich, da sie häufig bei verschiedenen und oft bei sehr auseinandergehenden Gelegenheiten benutzt
werden. Von Ausrufen der Freude und Verwunderung mögen hier folgen:

Det is zum scheckig lachen,

Ich lach' mir n' Ast,

Ick schrei mir dodt,

Det is zum Radschlagen,

Schöne 'raus mit Neune,

Det jeht mir aber doch über de Puppen, hatte einst wohl eine andere
Bedeutung, ungefähr wie „es geht in die Brüche". Früher standen am
Großen Stern im Tiergarten (ungefähr die Mitte der Chaussee von Ber-
lin nach Charlottenburg) eine Anzahl antiker Statuen, von den Berlinern
schlechtweg „Puppen" genannt. Der gewöhnliche Spaziergang der
Berliner ging wohl bis jenem Stern; wurde Jemand aufgefordert, weiter
mitzugehen, so lautete die Antwort „das geht über die Puppen", in der
Bedeutung, „nein, das ist mir zu viel".

Heilijer Bimbam,

Kiekste aus die Luke?

Na so wat kraucht uf'n Boden nich 'rum,

Ick denke, ick soll aus de Jacke jehn,

Is 't de Menschenmöglichkeit!

Mir jeht 'ne Lampe uf,

Ick war reene paff,

Sowat lebt nich!
Krist de Motten!
Da hört aber de Weltjeschichte uf,
Det wär ja ne neie Mode,
Nee — aber so wat!
Da hört sich denn doch Verschiedenes uf,
So wat looft uf zwee Beene (looft von alleene),
Det is wirklich jottvoll,
Nanu wird's Dag!
Ick denke, ick soll jleich uf'n Rücken fallen,
Nanu hört's uf!
Au Backe,
Jott steh mir bei, angewendet, wenn einer etwas Dummes behauptet.
Nich ne blasse Ahnung,
Nu frag' ick eenen Menschen,
Ick denke, mir soll der Affe frisieren (lausen),
Wer schmeißt da mit Lehm? bei speziellen Überraschungen.
Himmel, haste keene Flinte?
Krist 'n Dod in de (beede) Waden,
Alle Hagel!
Det is klassisch,
Da schlage eener lang hin,
J wat De sagst (J wat Se sagen),
Wat beißt mir da?
Mein erster Gedanke war Donnerwetter,
J du jerechter Strohsack,
Du krigst de jrüne Neune,
Nu brat mir eener 'nen Storch (aber de Beene recht' knusprig),

17

Det is saftig,
Da jeht mir 'n Seefensieder uf,
Ick falle vom Stengel,
Jerührt wie Appelmuß,
Det kann ick ja janich verlangen, wenn Jemand durch ein Geschenk freudig überrascht wird.

III.
Ausrufe des Ärgers und des Schreckens.

Ick bin dodt,
Det is zum Krepangsekriegen,
Da kann sich ja Eener Hände un Beene dran wärmen,
Wat sagt der Mensch dazu??
Mir looft 'ne Laus über de Leber, wenn der Betreffende erst ärgerlich gemacht wird, gewissermaßen drohend.
Ooch noch der Schmerz,
Ick wer' dir wat malen,
Ja da soll doch jleich ne olle Wand wackeln,
Jott sei's jefiffen un jetrommelt,
Nu jrade nich, wenn etwas von einem Ärgerlichen verlangt wird.
So wat kann ooch bloß mir passieren,
Du sollst de Motten kriejen,
Det verschnupft mir düchtig,
Det is bitter,

19

„Et is um junge Hunde zu kriejen."

Det is noch doller,

Et is noch lange nich alle Dage Abend, sagt der Ärgerliche zu dem, der ihn gereizt hat.

Det jeht int Aschjraue,

Det kann ick vor'n Dod nich leiden,

wenn dies und jenes gemacht wird.

Det hab' ich dicke,

Et is um junge Hunde zu kriejen,

Det jeht mir doch über die Hutschnur.

Ick passe und

Nich in de la main, sagt der Geärgerte, soviel als: „ich mache aus Ärger nichts mit".

Dir soll jleich der Affe lausen,

Et wird alle Dage dölder,

Det is um uf de Böme zu klettern,

Nu aber 'raus, ist auch humoristisch.

Det jeht eenen durch un durch, auch

Det jeht durch Mark un Beene, bei schrecklichen Ereignissen oder beim Anhören derselben.

Da hab'n wer den Salat,

Da fällt 'n Affe aus't Nest, erschrocken bei einem plötz-lichen großen Geräusch.

20

IV.
Ausrufe an Freunde und Andere.

Na man immer jemütlich,
Ick riskier' 'ne Lippe,
„Ich werde 'mal einen Ton reden", und als Gegenstück:
Mach' doch keenen Radau, auch
Mach' keeuen Feez (Unsinn),
Wenn't man jut bekommt,
Hat sich wat, auch noch kürzer:
Is nich.
Na nu hör uf,
Halte de Luft an,
't Jeschäft bringt's so mit sich, „daß ich dies und jenes tue", gewissermaßen
als Entschuldigung.
Nischt vor unjut, auch
Is jut, Schulze,
Et bleibt in de Familie, soviel als: Es bleibt unter uns.
Wat Sie sich denken, is nich,
Rede nich so'n Blech,
Sei'n Se man keen Unmensch, „beteiligen Sie sich nur daran", „kommen
Sie nur mit", und dann, wenn einer sich „ziert":
Machen Se sich man keenen Fleck, oder:
Jib' Dir man, welches auch die Bedeutung hat: „beruhige Dich".
Ick bin Dir sehr verknippert, für: „Ich bin Dir dankbar".
Na wie Sie aber auch jleich sind, wenn sich der Andere durch eine Äuße-
rung u.s.w. verletzt fühlt.
Schnuteken, det derfst De nich,

21

Da wirste wenig Jejenliebe finden, oder

Da wirste scheene ankommen, wenn Jemand behauptet, er wird dies und jenes tun und der Andere an dem Gelingen zweifelt:

Fällt mir ja nich in Traum in, „Ich tue das Verlangte nicht."

Wat is denn los? wenn etwas passiert ist, und als aufmunternde Antwort:

Da müssen wir mang sind,

Na denn man zu,

Wo stiebelst Du denn hin?

Det jing wie haste nich jesehen,

Et is de höchste Eisenbahn,

Det hat noch jute Weje,

Da kannste Dein blaues Wunder erleben,

Ick werde mal jleich Feuer hinter machen, wenn Einer zögert, den Befehl auszuführen, und eventuell als „patzige" Antwort:

Nich vor'n Daler, oder

Nu sind wir verratzt,

Na man immer sachte, wenn etwas mißlingt.

Nachher kann man Rooch schnappen, wenn sich Jemand weigert, sich an einer aussichtsvollen Sache zu beteiligen.

Erst abwarten, denn Tee trinken, für „nur nicht so eilig", „haben Sie es nicht so ängstlich", soll seinen Ursprung in den berühmten Berliner Tee-abenden haben, wo man lange genug auf den Tee warten mußte.

Det hat er sich aus de Nase jehen lassen, wenn Jemand zu spät an eine erfolgreiche Sache ging, die unterdessen von Anderen ausgeführt wurde.

Hat ihm schon, „Das wäre gemacht", „vollbracht".

Siehste, da haste de Kieste, bei einer Strafrede, auch wenn Jemandem etwas aus der Hand geglitten ist.

Na wat sagst De denn dazu?

Siehste, wie De biste, spöttisch gebraucht, wie die Mehrzahl dieser Ausrufe.

Der Hieb saß,

Sei man nich plundrig, „Komm' mit", „beteilige Dich daran".

Det könnte Dir so passen, auch

Da könnte Jeder kommen, wenn Jemand etwas abbekommen will.

Ick wer' Dir wat husten, „ich tue es nicht", auch

Du kannst Dir uf'n Kopp stellen, ick tue es doch nich! und

Nich um zehndausend Jroschenstücke, oder

Nich in de la main, letzteres auch verächtlich.

Det mußte beischreiben, wenn etwas undeutlich erzählt worden ist.

Damit kannste Dir bejraben lassen, „es taugt nichts".

Ick weeß im Oogenblick nich, wo ick' n' soll hinbringen, wenn von Jemandem gesprochen wird, an den der Betreffende sich nicht recht erinnern kann. Als Gegenstück:

Die Beene kenn ick doch? wenn man einen Bekannten sieht. Man erzählt, daß ein Invalide mit zwei Holzbeinen jene Worte freudig ausgerufen haben soll, als er in einem anatomischen Museum seine in Spiritus aufbewahrten Beine sah.

Dir Aas kenn' ick, zweifelnd, daß der Betreffende sein Versprechen halten wird.

Mach' keene Späne, „überlege nicht erst lange".

Da wirste keen Glück mit haben, „versprich Dir keinen Erfolg".

Det kann Jeder sagen, wenn man eine Äußerung nicht glaubt.

Tust Du mir nischt, tu ick Dir ooch nischt!

So hab'n wir nicht jewett', „das tue ich nicht", namentlich wenn etwas geteilt wird und Einer dabei schlecht fortkommt. Auch ähnlich ärgerlich:

Det kannste Dir sauer kochen „ich mag es nicht."

Wie ick sowat aber finde, „schäme Dich."

„Die Beene kenn ick doch!?"

Jib' Dein Herz 'n Stoß, „komm mit," oder „gieb mir dies und das,"
wenn der Andere zögert.

Aujust, hast De Jrund, soll ein Freund dem anderen in Gefahr des Ertrin-
kens befindlichen Freunde zugerufen und der letztere dann:

Scheibe sagt er und verschwund.

Aujust, laß 'n Affen los, vielfach wie: sei vergnügt.

Aujust, halt' de Luft an, „sei stille," „mach' nicht so viel Spektakel."

Aujust, stoß de Vöjel an, vom Weihnachtsmarkt, wo die „Spaßvögel" feil-
gehalten werden, angepriesen mit den Worten:

„Vorne pickt er, hinten nickt er".

Aujust, sollst mal 'runterkommen,

Doch jlücklich, Aujust, macht es nich, verschieden angewandt, besonders
wenn sich Jemand einer nicht gerade edlen Tat rühmt.

25

V.
Begrüßung und Abschied.

N' scheener Abend, heute Morjen, die Nacht möcht ick 'mal bei Tage sehen,

Bleiben Se man bedeckt, wenn Jemand grüßen will. — Auf die Frage:
„Wie geht' s?" lautet häufig die Antwort:

Et jeht immer so halweje, oder auch

Immer uf zwee Beene.

Sonst jeht's Ihnen aber jut? oft angewendet, wenn Jemand von diesem
oder jenem Missgeschick erzählt hat.

Häufiger sind die Redensarten beim Abschied:
Komm' nich unter de Räder (unter'n Schlitten).
Leben Se sowohl als auch,
Bleiben Se mir jewogen,
Adchee Sie,
Bleiben Se hübsch jesund!
Da jeht er hin und singt nich mehr,
Schlaf rund, det de nich eckig wirst,
Schlafen Se wohlriechend,
Er zog ab wie 'n bejossner Pudel, bei der
Erzählung vom Abschied
eines Andern.

VI.
Anmaßung und Selbstbewußtsein.

Na ob! als Erwiderung auf Anfragen, wie: „Ging es denn gut?" „Konnten Sie denn das bewerkstelligen?"

Da kennen Se Buchholzen schlecht, als wie: „Da kennen Sie mich aber doch schlecht, wenn Sie zweifeln, daß ich dies oder jenes nicht tun kann." — Zur Erklärung des Ausrufes wird erzählt, daß ein Prediger einen Sterbenden tröstete und zwar besonders mit Bezug auf das Wiedersehen all' seiner Lieben im Himmel; darauf äußerte der Kranke, dann würde er seinen Freund „Buchholzen" auch wieder treffen und das alte lüderliche Leben finge wieder von neuem an. Der Prediger meinte, davon sei keine Rede, das wäre im Himmel doch anders. Hierauf erwiderte der Sterbende: „Na da kennen Se Buchholzen schlecht". — Von anderer Seite wird der Ursprung der Redensart auf Friedrich den Großen zurückgeführt, der oft, wenn von ihm etwas gefordert wurde, geäußert haben soll: „Dazu hat Buchholz kein Geld", denn des Königs Schatzmeister führte den Namen Buchholz.

Blaast mir 'n Stob weg, in hochmütigem Ton gesprochen. Auch bei Schilderungen einer eingebildeten Person: Er sieht aus wie „blaast mir den Stob weg".

So bin ick am janzen Leibe, als Erwiderung, wenn von Einem dies oder jenes Gute behauptet wird.

Allemal Derjenige welcher, soviel wie: „Ich bin immer dabei!"

Darin bin ick keen Unmensch, soviel wie: „Ich lasse mich nicht nötigen."

Det is Ihnen doch nich etwa unanjenehm? z. B.: „Wenn ich Sie stoße."

Is mir janz Pomade, für „ist mir ganz gleichgültig."

Det sagen Se so in Ihrem jugendlichen Übermut,

Dazu jehört jewissermaßen ooch Talent, ironisch, wenn Einer etwas schlecht gemacht hat.

Darin bin ick ihm über, in der Bedeutung: „das kann ich weit besser wie er".

Det is nischt vor meinen Vater sein Sohn,

Darin bin ick komisch, für: „so etwas lasse ich mir nicht bieten",

Entschuldigen Se man, det ick jeboren bin, als ironische Antwort.

Du kannst mir n' Hubel ausblasen, in verachtender Weise gemeint.

Sie denken wohl, ick bin so dumm, wie Sie aussehn?

Denn bin ick der Beste – wenn de Andern nich zu Hause sind, wenn von Einem ein besonderer Liebesdienst verlangt wird.

Sie sind wohl nich von hier? zu Einem, der eine törichte Frage tut, oder der zu viel verlangt.

„Dazu jehört jewissermaßen ooch Talent!"

Nur nischt jefallen lassen,
Immer ufmucken,
Man immer so dun, auch wenn garnichts dahinter ist.
Drieste und jottesfürchtig,
Immer nobel, auch
Man immer erster Jüte, kommt wohl von der Droschke I. Klasse her, da diese ja nur von Vermögenderen benutzt wird.
Da sind wir den Andern doch über, „das können wir besser".
Na darauf fallen wir schon lange nich rin, „so dumm sind wir nicht".
Uns kann Keiner, „uns kann so leicht nichts passieren". Ähnlich:
Uns kann Keiner an de Wimpern klimpern, und dieses neuerdings fortgesetzt:
Uns kann Keiner an de Lippen tippen
Det kann mir doch nich passiren, als Antwort auf eine ausgesprochene Befürchtung.
Bange machen jilt nich,
Det kann eener alleene nich wissen, als Entschuldigung, wenn zu viel gefragt wird.

29

VII.
Ermahnungen, Ratschläge, Aufforderungen.

Man immer Spaß versteh'n! wenn es droht, ernst zu werden.
Rede keenen Stuß, „keine Dummheiten."
Fall nich von't Jerüste, „verunglücke nicht."
Mach' nich so' ne lange Brühe, „faß Dich etwas kürzer."

Halte Deine Futterluke (auch: Speise-Anstalt), sowie:

Halte de Luft an, für: „sei still."

Machen Se keene Späne, „keinen Unsinn."

Mach' uns keene Wippchen vor, und

Mach' keene Fiesematenten, „Mach' keine faulen Geschichten."

Mach' mir nich obsternatsch, oder ick werde eeklich,

Darum keene Bange nich, als Beruhigung, wenn Jemandem etwas passiert ist.

Machen Se sich man nich mausig,

Machen Se de Türe von draußen zu,

Ick will keenen scharf anseh'n, aber mit 'n ersten Buchstaben heeßt er

(z. B.) S. (Schulze). für: „gestehe es nur ein, wir wissen es doch."

Sei doch nich so borschtig, „so unangenehm."

Det wird ihm ordentlich in de Bude rejnen, „es wird ihm unangenehm bekommen."

Beboomölen Se sich nur nich, „haben Sie keine Bange"; ähnlich:

Sei man nich belemmert! „habe Dich nicht so."

Bleib' man so bei, am Schluß einer Strafpredigt; ironisch gemeint.

Det is ja recht feierlich, „das ist durchaus nicht hübsch."

Det laß man hacken, „tu' es lieber nicht."

Det is ja recht heiter, ironisch gemeint, wenn etwas Unangenehmes passiert ist.

Da kannste wat erleben,

Det kann eklig werden,

Wat meenen Sie, wie jesund det is? ironisch; z. B. wenn Einer Schläge bekommen hat.

Den hab' ick wat zu knabbern jejeben, „habe ihm zu schaffen gemacht."

Mach' keenen Klumpatsch, und

Mach' man keene Jeschichten, wie: „mach' uns keine Unannehmlichkeiten", „fange keinen Streit an."

Sei'n Se man jerührt, „beruhigen Sie sich."
Machen Se sich man keenen Fleck, „bilden Sie sich nur nichts ein," „haben
Sie sich nicht so."
Bilde Dir man keene Schwachheiten in,
Du kommst wohl aus 'n Mustopp? wenn Einer etwas Dummes fragt, sich
nach einer bekannten Tatsache naiv erkundigt.
Zieh' man Leine, oder
Mach' Dir man dinne, und
Mach' Dir man uf de Socken (resp. Strümpe), „entferne Dich," „rücke aus."
Na denn nich, lieber Mann, et muß ja nich sin, bei einer abschlägig erhal-
tenen Antwort.
Du hast wohl Tinte jesoffen? wenn Einer etwas Törichtes verlangt.
Du kannst mir den Puckel lang rutschen, in verachtendem Sinne.
Rejen Se sich man nich unnütz uf, „beruhigen Sie sich nur."
Da biste schief jewickelt, „auf falscher Fährte."
Wenn Se etwa uzen wollen, denn suchen Se sich 'n Andern,
Versteh' nur nich miss, „versteh' nicht falsch."
Det reibe ick ihm noch 'mal unter de Nase, „das wird er von mir noch
tüchtig zu hören bekommen."
Det war schon nich mehr schön,
Det laß Dir man verjehn,
So laß ihn doch det kindliche Verjnüjen,
Jeben Se Ihr Herz man 'n Stoß, „sei'n Sie doch nicht so", z. B. „kommen
Sie mit, beteiligen Sie sich an der Partie."
Kann ick det etwa riechen? „daß dies und jenes der Fall ist."
Da hilft keen Maulspitzen, gepfiffen muß sind, „es hilft alles nichts, man
muß sich in die schlimme Lage fügen."
Faß Dir an Deine Nase, „bekümmere Dich nicht um meine Sachen."

„So laß ihn doch det kindliche Verjnüjen..."

Merk Dir die Pille,

Da lassen Se sich man 'n Patent druf jeben, ironisch, z. B. wenn Jemand etwas Törichtes geäußert oder getan hat.

Duhn Se sich man keenen Schaden, auch meist ironisch, bei zimperlichen Leuten.

Die Sache wer'n wer schon modelieren, „wir werden es schon zu Werke bringen."

Nur ansehn, aber nich anfassen,

Ick werde Dir die Flötentöne schon beibringen,

Sei keen Frosch, „sei nicht so", „tu dies lieber, beteilige Dich daran."

Kleener, nich' so dichte 'ran!

Reißen Se sich man keen Been aus, „spielen Sie sich nicht zu gewichtig auf".

Anton, steck'n Dejen in, in beruhigendem Sinne, bei Ausbruch von Zwistig-keiten.

Tu' mir man bloß nich' leid, auch

Wissen Se, wat Se mir tun können? — Leid können Se mir tun,

Wir wollen's nich wünschen, aber Jott jeb's,

Wat nich is, kann noch werden,

Dabei kommt nischt raus, „es ist wenig versprechend".

Na, lejent' Se's man dahin, „Es ist gut, ist abgemacht," besonders bei langen Entschuldigungen.

Mensch, sei helle! „sei nicht dumm."

Det is Allens Jewohnheit, z. B. Arbeit, Vergnügen, aber auch Schläge.

Det hat aber noch sein Aber, „Das ist noch nicht ganz abgemacht, da ist noch ein heikler Punkt."

Det is lange nich so schlimm wie'n Beenbruch, in ermutigendem Sinne, wenn Jemandem etwas Unangenehmes passiert ist.

Umgekehrt wird 'n Schuh draus, bei Verdächtigungen, falschen Behauptungen.

Det dicke Ende kommt nach, in warnendem Sinne.
Det is 'n dicker Irrtum,
Immer kalt Blut — und warm anjezogen, in ermahnendem Sinne.
Sie denken wohl, Sie können mir dumm kommen?
Du denkst wohl, Du brauchst nur Teller zu sagen, denn haste Kuchen?
Furcht hast De, aber keene Besserung,
Vorsicht is de Mutter von de Porzellankiste,
Dummheit is ooch 'ne Jabe Jottes, aber man derf se nich missbrauchen.

VIII.
Lebensart. — Benehmen.

Det jehört sich nich, verweisend gemeint.
Sie fahren ooch noch vierter Klasse, wenn Einer sich zuviel einbildet.
Werden Se nur nich jemischt, für: gemein.
Ein jedes Tierchen hat sein Plaisirchen, in entschuldigendem Sinne für diesen oder jenen Fehler, und ebenso:
Det kommt in den feinsten Familien vor,
Du blamierst Dir bis uf de Knochen, warnend gemeint.
Anständig nich, aber jesund,
Immer karmesienverjnügt — aber nie nich ordinär,
Wir haben uns amüsiert, wie der Mops in' Dischkasten, ironisch gemeint.
Det is bei die Leute nich anjewendt, „sie schätzen, sie kennen es nicht, haben darin keine Erfahrung."
Det liegt 'mal so drin, entschuldigend für einen Verstoß.

„Det macht Effekt und kost't nischt."

Entschuldigen Se, det Se mir jetreten haben,
Ick wer' mir doch keene Laus in' Pelz setzen, „ich werde nichts Unrechtes tun."
Det is der höhere Mord, für: Langeweile.
Mancher lernt's nie — und denn noch unvollkommen, ironisch.
Ick soll ihn wohl noch mit Schocklade bejießen? „ihn gut behandeln?"
Wenn Se mit mir reden wollen, denn jehn Se raus un halten Se's Maul,
Wenn ick det bloß Sonntags wäre, wat der sich alle Dage inbildet, von einge-
nommenen Menschen.
Det macht Effekt und kost't nischt, z. B. bei Vergnügungen, beim Toilettenstaat
Jeder nach seinem Chacun, so wie er es gern hat.
Det genirt 'n jroßen Jeist nich — und 'n kleenen jeht's nischt an,
als Entschuldigung für eine Unart, eine Ungezogenheit.
Sind Se erst so alt wie ick, denn wackeln Se mit'n Kopp, viel weniger mit
de Beene,
Bescheidenheit ist eine Zier, doch weiter kommt man ohne ihr,
Nur nich ruppig,
Find 'n Se da wat dabei? in naivem Sinne, wenn sich der Andere durch
eine Ungezogenheit beleidigt fühlt.
Er pickt Dir wohl? wenn Jemand etwas Unrechtes gemacht hat.
Er läßt alle Puppen danzen, für: er ist sehr guter Dinge.
Er ziert sich, wie Lehman ins Sarg, von eingebildeten Menschen.
Mensch, sei jebildet, wenn Dir's auch schwer fällt,
Det fühlt ooch 'ne blinde Frau mit'n Krückstock, bei einer Ungeschicklich-
keit, Taktlosigkeit.
Mit'n jewissen Zweck, für Flottsein, Unternehmungslustigsein.
Nobel muß de Welt zu Jrunde jehn

IX.
Armut und Reichtum, Geld.

Reichtum macht nich jlücklich — aber er schändet ooch nich,
Jeld alleene macht nich jlücklich — man muß ooch wat haben,
Mein erst Jefühl sei Preußsch Kurant, mein zweites baare Münze,
Verdienen is 'n Hauptwort un wird jroß jeschrieben,
Det Leben is schön, aber kostspielig,
Wat kost' Berlin? häufiger Ausruf, wenn Jemand viel Geld in der Tasche hat.
Der letzte der Mohikaner, für: der letzte Taler.
Ick kann nich mit'n Ellnbogen in die Westentasche kommen, wenn Jemand
nichts geben will, z. B. kein Almosen.
Jeld spielt jar keene Rolle, übermütig gemeint.
Det kost't wol 'n Dahler un acht Jroschen, ironische Frage bei einem
teuren Gegenstand.
Hier sitzen de Musikanten, dabei auf die Tasche schlagend, in welcher sich
das Geld befindet.
Det looft in't Jeld,
Ick bin sehre in Schwulibus, „habe kein Geld".
Mit det Bezahlen verplempert man det meiste Jeld,
Det is von de Schwenzelfennije, „vom Wirtschaftsgeld gespart".
Vor nischt is nischt,
Der Mittelstand kann's nich! prahlerisch, auch ironisch.
Vermöbelt muß Allens werden,
Stürzen Se sich man nich in Unkosten,
Man immer 'raus mit de Iroschenkens,
Det is jar keen Jejenstand, auch:
Det is ja schanderhaft billig, „ist nicht teuer"; im Gegensatz:

Det kost't 'ne ordentliche Stange Jeld,
Der verdammte Dalles,
Die Pinke fehlt,
Det jeht ooch noch flöten,
Haste ooch Kies? für „Geld".
Kost', wat 'kost!
Wat kost't der Kitt?
Det kann doch 'n Hals nich kosten.

X.
Kritik.

Mit des Jeschickes Mächten is keen krauser Scheitel nich zu flechten!
Sind oder Nichsind, det is die Frage"
Det macht sich von weiten sehr entfernt,
Zufall is 'ne Kellerdiere,
Wie't fällt, so bullerts, „wer etwas getan hat, kann's auch ausbaden."
Det is der richtige Mumpitz, so viel wie: Fauler Zauber!
Jo nich sehen! so schlecht, so unangenehm ist etwas.
Sie haben ja so Recht, und spöttisch in der gleichen Bedeutung:
Sie haben ja so reine Manschetten,
Det is klar wie Kloßbrühe,
Det is Jacke wie Hose, und
Det is Mus wie Miene, „es ist Eins wie das Andere."
's is Allens egal,

„Zufall is 'ne Kellerdiere…"

Et wird ooch danach sind, „es wird nichts taugen."
Det is ne janz faule Jeschichte,
Det jönn' ick keenen Hund, so schlecht ist es.
Det is sehr hanebüchen, „das ist sehr derb."
Det hält ja keen Ferd ans, z. B. eine so schlechte Behandlung.
Det merkt 'n Ferd, so deutlich wird es gemacht.
Det is nich berühmt, „nicht gut."
Et jeht an, „es ist nur so so."
Es is nich an ihn, „es verhält sich nich so."
Det is Essig, ist schlecht, unangenehm.
Wat der Mensch braucht, muß er haben,
Nich rühr' an!
Det is so jut wie janischt, und
Det drägt de Katze uf 'n Schwanz weg, „so wenig."
Dieselbe Kulör in Jrün, nicht besser wie das Andere.
Der reene Kien, sehr gut, vorzüglich.
'N sojenannter Jenuß, ironisch.
Jefällt mir sehr, bum,
Viel Jeschrei und wenig Wolle, „es ist nichts dahinter."
Det jenügt! um auf das Ganze schließen zu lassen.
Det macht' 'n Kohl nich fett, „ist nicht genug."
Det is doch wat, sagt Schnabel,
Ooch nich übel, sehr ironisch.
Et is unterm Nachtwächter, unter der Kritik.
Et is rührend, wenn man dran wackelt, boshaft oft gemeint.
Et hat jeschnappt, es ist genug, ist aus.
Alle Dage is nich Sonntag,
Det kann 'n Mann passieren, der Frau und Kinder hat,

„Jott, wie jroß is dein Tierreich!"

Nu liegt er drin in' Wurschtkessel,
Da liegt noch Musike drin! „das ist nett, das ist flott."
Daruf könn'n Se Jift nehmen, „daß das gut ist."
Die Sache ist sehr man kitzlich, prenzlich, klapprig, pover, mies, mulprig,
Det is sonne Sache, „man kann nicht gleich darauf eingehen."
Det zieht nich, „taugt nichts, macht nichts von sich reden."
Allens eene Wichse, „es ist ja ganz gleichgültig."
Det hat jar keenen sittlichen Wert, „taugt nichts."
Wat purzeln soll, det purzelt doch,
Det jiebt sich, z. B. bei Schmerzen, wenn Jemand klagt.
Det is für de Katze, ist schlecht oder zu wenig; als Gegensatz:
Det is janich so uneben!

Jott, wie jroß is dein Tierreich, wenn Dummes behauptet wird, auch beim Anblick auffällig Gekleideter.
Ordnung rejiert de Welt — un der Knüppel de Leute,
Det muß allens seine jehörige Confusion haben,
De Masse muß et bringen,
Wat nachkommt, is Bärme (Hefe), „was nachkommt, taugt nichts"; wird vom Eingießen der Weiße hergeleitet, wo die Bärme (Hefe) zuletzt kommt.
Wenn sich Jemand töricht benimmt: *Man kann von' Ochsen nich mehr verlangen, wie 'n Stücke Rindfleesch.*
Unjeschickt läßt jrüßen, z. B. wenn Jemand etwas fallen läßt;

XI.
Aufforderungen und „bescheidene" Anfragen.

Sachte, et klemmt sich, eine Mahnung zur Vorsicht.

In Kleinigkeiten man immer ehrlich,

Wat kann det schlechte Leben helfen,

Nu kann der Schwindel losjehn,

Mit ne Jeschwindigkeit von 0,5, beispielsweise als Fortsetzung zu dem Satz: „Bitte, entfernen Sie sich".

Rin in de Dardanellen, soviel als: „*Rin ins Verjnügen*", auch oft gebraucht, wenn durchaus kein Vergnügen vorhanden ist. Ähnlich:

Immer 'rin in die Budike.

Halte den Rand, „Mund".

Man immer mang, und

Immer feste uf de Weste, für „immer forsch", „tüchtig drauf los".

Nu sagen Se mal selber, in der Bedeutung: „Sie meinen es doch so wie ich".

Woher nehmen un nich stehlen?

Danke vor Obst und ähnliche Südfrüchte, als Abweisung von unangenehmen Sachen.

Hab' ick Ihnen vielleicht weh getan? Ein Herr promeniert gelegentlich einer Illumination durch die Straßen und wird von einem Bummler sehr energisch auf die Füße getreten; er sagt nichts, wundert sich aber aufrichtig über die vermutliche Höflichkeit des Bummlers, als sich dieser nach einigen Schritten umwendet und ihn frägt: *„Hab' ick Ihnen vielleicht weh' getan?"* — aber, ohne eine Entgegnung abzuwarten, fortfährt: *„Denn sagen Sie's mir nur — denn hau' ick Ihnen eene …!"*

Haben Sie keene Bange nich,

„Wenn Se sonst keene Schmerzen haben, sind Se scheene 'raus."

Hast woll 'n Vogel und

Er pickt Dir woll? auch

Sie sind wohl krank?

Sie sind wohl nich janz unwohl?

Hast woll Hitze? (auch: *Nich bei Trost?*) bescheidene Erkundigung, ob es bei dem Betreffenden richtig im Kopfe ist.

Wenn Se sonst keene Schmerzen haben, sind Se scheene 'raus, als Beruhigung, resp. Trost

Meenen Se mir oder meenen Se mich? eine oft im drohenden Sinne gebrauchte Anfrage.

Warum dieses nich? als Antwort etwa: „Wollen Sie das tun?"

Kommen Se her, ick wer' Ihnen ufhelfen. Verspottend, wenn Jemand gefallen ist.

Sie haben wohl zum Reden injenommen? wenn Jemand viel spricht.

Ooch Schuster? in der Bedeutung: „von demselben Gewerbe?"

Na was dachten Sie denn? in höhnischem Ton, wenn Jemand etwas Anderes glaubte.

Du kannst wohl nicht davor? wenn Jemand etwas Törichtes gemacht hat, und als Antwort:

Wat is 'n dabei?

Na wat hat se denn? in humoristischem Ton, soviel als: „Was will sie denn?"

Wo is Naucke? lange Zeit Scherzwort in Berlin. Soll seinen Ursprung daher haben, daß auf dem Heimwege von einer Landpartie eine Frau ihren Gatten verloren hatte und nun immer seinen Namen rufend „Wo ist Naucke?" an den Reihen der Ausflügler entlanglief, die bald sämtlich in denselben Ruf einstimmten.

45

XII.
Bestätigung und Gleichgültigkeit.

So ist's, sagt Neumann! soll aus einem Spottgedicht, auf den Polizei-Prä-
sidenten v. Puttkammer, welches 1848 viel in Berlin zirkulierte, stammen.
So mußt's kommen, sagt Neumann, sieben Häuser und keene Schlafstelle!
stammt aus B. Dörbeck's vor fünfzig Jahren erschienenen „Berliner Wit-
zen": ein reicher Berliner Bürger fällt betrunken in den Rinnstein und
ruft obige Worte.
Det Karnickel hat angefangt!
Ein Herr geht mit seinem Hunde an einem Wochenmarktstage über den
Dönhoffsplatz und der Hund würgt ein Kaninchen ab; darob großes Ge-
schrei der Verkäuferin, die das Kaninchen bezahlt haben will. Ein Schus-
terjunge, der den Vorfall beobachtet hat und von dem Herrn ein Trink-
geld erwartet, wenn er ihn unterstützt, ruft aus: *„Der Hund is unschuldig,
det Karnickel hat anjefangt, es hat immer so"* — er machte dabei mit dem
Mund die Bewegung des Nuckelns — *„jemacht, det brauchte sich der
Hund nich jefallen zu jelassen"! —*
Det is 'n Jedanke von Schiller, wenn Jemand einen guten Vorschlag macht.
So war 't richtig,
Schön jesagt — un noch viel schöner jedacht,
Det will ick nich verschwören, „daß ich das und das nicht doch tue"; ähn-
lich:
Det will ick nich so schroff hinstellen,
Det steht bombenfest! „daß das der Fall war"; auch: „nun ist's abgemacht".
Det nehme ick mir ad notam,
In eener Art hat er Recht,
Ick hatte den richtigen Animus,

J wo wer' ick denn,
Bei Mutter'n ist's am besten,
Det is so jut wie jemacht,
Na det fehlte mir jrade,
Det jenügt!
Ruhe ist die erste Bürgerpflicht! „Der König hat eine Bataille verloren, jetzt ist Ruhe die erste Bürgerpflicht, ich bitte darum. Schulenburg", so lautete die Verkündigung des Berliner Gouverneurs am 18. Oktober 1806, als man die Unglücksnachricht von Jena erfahren hatte.
Ick bestreite Allens, un erwarte den Jejenbeweis,
Keen Aas rührt sich, wenn Alles still ist.
Na, denn is es noch so, wenn Jemandem etwas vorgehalten wird.
Int' jeringste janich, „fühlte ich mich beleidigt" etc.
Is mir janz Pomade, und
Mir is Allens piepe, auch
Det is mir Wurscht.
Wenn 't weiter nischt is!
Na, wenn 't nu nich jleich kommt — denn warten wir noch 'ne Weile,
Nich de Probe! soviel als: nicht im geringsten.
Nischt vor unjut,
Det wird nich verzappt,
Et muß ja nich jleich sind,
Ick sage janischt! „daß das und das noch schlimm abläuft"!
Da könnte Jeder kommen!
Is jut! (sagt Schulze!)
Wat nich is, is nich, und
Wenn nich, denn nich!
Au controleur, für „au contraire".

47

Da lijt mir janischt dran,
Det steht uf 'u janz ander Blatt, soviel als: das ist ganz was anderes.
Na so blau, „ich werde doch das nicht tun".
Wat ick mir davor koofe, und
Det is mir janz schnuppe, wenn auf eine Bitte etwas abgeschlagen wurde
und die Anderen darüber sprechen.
Ick wer'n Deibel dun! „und das machen".
Mein Name is Hase, ick weiß von janischts, ironisch, wenn Jemand ausge-
fragt werden soll.
Det is nich mein Fall, soviel als: „das tue ich nicht".
Keene Idee!

XIII.
Gesundheit, Krankheit, Tod.

Er is uf'n Damm, „er ist gesund".
Ick fühle mir sauwohl,
Det is ja noch lange keen Beenbruch, wenn Jemand z. B. unwohl ist oder
wenn von der leichten Erkrankung eines Anderen erzählt wird.
So weit jeht's janz jut, aber mit die Jebrüder Beeneke jeht's schlecht, hatte
früher oft eine andere Bedeutung; der Ursprung wird folgendermaßen
hergeleitet: Ein Herr wird von einem alten schwerhörigen Militär gefragt,
wie es ihm geht und er empfängt obige Antwort, versteht von derselben
aber nur: „Mit den Gebrüder Beeneke steht's schlecht" und wendet diese
Äußerung auf das (bis 1826 bestandene) Bankhaus Gebrüder Beneke in

„Ick bestreite Allens, un erwarte den Jejenbeweis!"

der Spandauerstraße an. Er erzählt die Antwort überall umher und die Folge ist, daß der Credit des Bankhauses nicht unwesentlich geschmälert wird; bald darauf machte denn dasselbe auch Banquerott.

Laß Dir Tee kochen, d. h. „Du bist krank."

Det kann der Zehnte nich verdragen, wird angewendet, wenn Jemand von einer übermäßigen Anstrengung etc. krank geworden ist.

Mir is mies vor's Janze, und

Mir is nich janz extra, „mir ist nicht recht wohl."

Det lag mir schon lange in de Knochen, wenn Jemand krank wird.

Er hat keene Bouillon im Leibe, er ist nur schwächlicher Konstitution.

Mir is koddrig zu Mute, und

Mir is janz blümerant, und

Mir is jottsjämmerlich zu Mute, soviel wie: „mir ist unwohl."

Mach' Dir man immer mit'n lieben Jott bekannt, „dein baldiger Tod steht in Aussicht."

Der bläst uf de letzten Flötentöne, „es ist bald mit ihm zu Ende."

Der is hinüber, „ist gestorben."

Vor'n Dodt is keen Kraut jewachsen,

Umsonst is der Dod —

und der kost ooch

noch 't Leben.

XIV.
Drohungen.

Nur nich lange jefackelt,
Feste uf de Weste,
Weeßte verstehste! in der Bedeutung: „Nimm' Dich in Acht, es geht
gleich los."
Der Mann hat Recht — schmeißt 'n 'raus,
Det is een Ufwaschen, z. B. wenn Mehrere Schläge bekommen sollen.
So scharf schießen de Preußen nich, und
Dazu jehören doch zwee, auch
Laß det ja unterwegs, als Antwort auf eine Drohung.
Det mir nich de Hand ausruscht,
Mir reißt bald der Bindfaden der Jeduld,
Denn kannste Deine Knochen in't Schnupptuch zu Hause tragen, als Schluß-
satz, beispielsweise zu: „Wenn ich erst anfange", oder: „Reize mich nicht,"
ähnlich:
Denn jnade Dir Jott,
Da sind wir doch ooch noch dabei, z. B. wenn es Prügelei geben soll.
Det wer' ick ihm besorjen!
Den habe ick schon lange uf 'n Kieker,
Ihnen werden ooch noch de Eisbeene jeknickt,
Et jiebt Keile, det de Schwate knackt,
Et jiebt Wachs,
Et rejnet jleich Keile,
Soll ick Dir dett Fell lose machen?
Dem wer' ick uf de Elsteroogen treten,
Ick wer' Dir jleich bei die Hammelbeene kriejen,

Ick werde Dir zeijen, wat 'ne Harke is,
Dir soll der Deibel frikassieren,
Et jiebt jleich wat aus de Armenkasse,
Nehmen Se man die Jebrüder Beenekens in de Hand, und
Wer'n Se alle, „verschwinden Sie schnell, sonst gibt's Keile."
Ick habe ihn eene anjepaßt — die saß,
Ick soll Dir wohl eene kleben? und
Ick steche Dir jleich Eene, für Ohrfeige; desgleichen:
Ick soll Dir wohl die Backen schminken?
Et jibt eens uf de Rübe, det Deine Jurke denken soll, ihre Mutter is een Kürbis
jewesen,
Hast wohl lange keen Berliner Rot jesehen?
Sie haben wohl lange nich in de Renne jelejen?
Ihnen hat wohl lange nich die Nase jeblut't?
Soll ick Ihnen in' steiwen Arm verhungern lassen?
Ick han' Dir eene, det De denkst, Ostern und Fingsten fallen uf eenen Dag,
Willst wohl eene an'n Ballon?
Sie haben wohl lange keene Backzähne jespuckt?
Ick werde Dir eenen Jedankenstrich in't Jesichte bewejen,
Ick steck Dir eenen Lutschbeutel von Schießpulver in'n Mund und spreng
Dir in de Luft, det Du den Mond als Schnupptuch in de Tasche stechen kannst,
Ick hau' Dir in Deine Plieroogen, det De denken sollst, den Deibel seine
Jroßmutter pinkt sich Feuer drin an,
Ick hau' Dir eene, det de den Mond vor'n Bäckerjesellen ansehn sollst.
Der hat sein Deputat (Fett) weg,
Wünschen Se vielleicht noch wat? und
Wenn Se mal wieder wat brauchen? als „bescheidene" Anfrage bei dem
Durchgeprügelten.

53

„Ihnen werden ooch noch de Eisbeene jeknickt!"

Ick hau' Dir uff 'n Kopp, bis de Läuse piepen,
Ick jeb' Dir eene, det de die Siejessäule vor 'ne Bratwurscht ansiehst.
Ick soll Dir woll 'mal de Oogen auswischen?
Ick soll Dir woll 'mal mit de Fünf
in de Zehne dividieren?

XV.
Essen und Trinken.

Arbeeten wollen se Alle, aber nich essen,
in sehr ironischem Sinne; desgleichen:
Wohl dem, dem 't schmeckt — un hat nischt,
Et jipert mir sehr, und
Ick hab'n Jrad, für: *„ich habe Appetit, Hunger“*; ebenso:
Ick hab' 'n jroßet Loch im Magen.
Ick lade Dir uf'n Ärmel ein,
„Du mußt vorlieb nehmen mit dem, was ich habe.“
Det is jrade nf'n hohlen Zahn, und
Det is vor de Katze, wenn Jemand zu wenig bekommt.

Schmeckst du prächtig, wenn das Vorgesetzte sehr gut ist; auch in einem Satze zur Anwendung gelangend, z. B.: „Das könnte Dir so passen, so'n Happen ‚Schmeckst du prächtig' zu bekommen!" —

Ein ordentlicher Happen-Pappen, Bezeichnung für ein leckeres Mahl, für ein gutes Stück Braten. Ähnlich:

Eß langsam, Willem, Du jlobst nich, wat man 'rinschlagen kann, ironisch, wenn Jemand zu hastig isst.

Det kann der ärmste Mensch essen, besonders von Delikatessen gesagt.

Mein Jloobe is: sieben Fund Rindfleesch jeben 'ne jute Brühe,

Der schläjt 'ne jute Klinge, wenn Jemand viel ißt.

Er zählt 'n de Happen in' Mund, wenn ein Geiziger, Neidischer zusieht, wie es Jemandem schmeckt.

Det is so 'n jefundenet Fressen, wenn Einem unverhofft etwas Gutes vorgesetzt wird.

Et war ne jroße Abfütterung, nach einem größeren Diner oder Souper.

Aase doch nich so mit's Jänseschmalz, wenn Jemand zu viel Butter nimmt.

Man blos nischt umkommen lassen, „es darf nichts übrig bleiben" Ähnlich:

Een jutes Schwein frißt allens,

Sie sind wohl noch im Wachstum? ironisch zu Einem, der sehr stark ißt.

Er kann 'n Schlung nich voll jenug kriejen, von einem gierig Essenden gesagt, desgleichen:

Er frißt wie 'n Scheunendrescher, auch

Der kann 'ne Familie arm fressen! soll der als sehr groß verschrien gewesene Restaurateur Frank in der Heiligengeiststraße seinen Gästen zugerufen haben, als sie sich beschwerten, daß sie jeden Mittag Gurken als Kompott erhielten. Derselbe Wirt soll auch einem Gast, der sich beklagte, daß er ein Haar in seiner Suppe gefunden, angefahren haben: *„Sie woll'n woll in Ihre Sechsersuppe ooch noch 'ne Sammtmantille 'rumschwimmen haben?"*

Ick bin wie jenudelt, für: „Ich bin vollständig satt, übersatt". —
Zahlreich sind die Ausdrücke der „Trinkersprache." An die Spitze derselben ist wohl das bezeichnende:

Et muß noch ville mehr jetrunken werden, zu setzen.

Strapzir' Dir de Kehle nich so, und

Jott sejne de Schifffahrt, wenn Jemand viel auf einmal trinkt, desgleichen
wenn Jemand überhaupt viel trinkt:

Er sauft wie't liebe Vieh, und

Er kann eenen dichtigen Stiebel vertragen.

Bleib' man nich jleich drin wohnen, besonders gesagt bei den am Stamm-
tisch die Runde machenden „großen Weißen".

Doppelt hält besser, für „doppeltes" (echtes) Bier gesagt.

Nordlicht mit Morjenrot, für: Nordhäuser mit Kümmel.

Det Bier macht Polizeioogen, wenn es schaal, abgestanden ist.

Mir durschtert sehr,

Eenen Troppen vor'n Durscht.

Für „einen Schnaps nehmen" verzeichnen wir folgende Ausdrücke:

Eenen abbeißen,

Schnell eenen zwitschern,

Ick muß mal 'nen Lippentriller feifen,

Ick muß meene Droppen nehmen,

Wir woll'n eenen Wuppdich nehmen,

Zur Aufmunterung zum Biertrinken dienen:

Wir wollen noch 'wat vorfahren,

Noch eenen heben,

Woll'n wir uns noch 'n Seidel ('ne Weiße) bezehmen?

Eenen in de Jacke schwenken,

Eenen vom Turm blasen.

„Sie sind wohl noch im Wachstum?"

57

Sich eenen koofen, für „einen Affen kaufen".

Reich ist der Schatz der Ausdrücke für einen Betrunkenen, voran steht das klassische Berliner Wort:

Pietsch mit de Aaloogen, und auch

Weg, Jungs, Pietsch kommt, Pietsch war ein stets betrunkener Lumpen-sammler, die einstige „besondere Freude" der Berliner Straßenjugend.

Er is düchtig in'n Sturm,
Er hat in Tran jetreten,
Er is in'n Tee,
Er hat 'n tüchtigen Affen,
Er hat schwer jeladen,
Der Affe looft von alleene,
Den haben sie tüchtig eingeseift,
Der ist ordentlich benebelt.

XVI.
Die lieben Nebenmenschen.

Mit seinen Nebenmenschen beschäftigt sich der Berliner besonders gern und unterzieht sie einer scharfen Kritik, fast immer mit schnellem Blick ihre Schattenseiten erforschend und diese mit seinen Kraftausdrücken schildernd. Wir lassen hier dem schönen Geschlecht den Vorrang.

Eene zu nette Krabbe, und
Een netter kleener Racker,
Eeu schnuddlijet Fraunzimmer. auch
Een allerliebstet Pusselken, für ein junges, frisches, hübsches Mädchen. Ähnlich:
Det is 'n wahrer Staat.
Det is wat Apartet, für ein besonders schönes Mädchen.
Die richtige Porzellanpuppe, wenn die Betreffende zierlich und elegant ist.
Det is 'ne eijene Prise, für ein wählerisches Mädchen, und für ein moquantes
Een sehr spineses Mächen.
Uffjedonnert wie 'n Fingstochse, und
Der reene Modewaaren-Auslegekasten, wenn die Betreffende großen Staat gemacht hat; als Mahnung, es nicht zu tun:
Klavier' Dir man nich so uf.
Sie klimpert mit de Oojen, wenn die Betreffende viel koquettiert, und wenn dies eine Ältere tut:
Je oller, je doller.

Se jeht schon in's alte Rejister, und

Se is hoch in de neunundzwanzig, für eine etwas reife Schöne.

Oben hui — unten fui, soviel als: „die Oberkleidung ist ganz gut, aber was darunter steckt …!"

Die richtige Lärmstange, und

Ollet Brummeisen, für eine zänkische Frau.

Die reene Backebeere, für eine alte Jungfer; Backebeere soviel wie Backbirne, eingeschrumpfelt.

Mager wie 'ne Zibbe un schrunzlich wie 'ne Backpflaume. Und nun als „Schmeichelname" noch:

Alte Spinatwachtel, und

Klappriges Violoncell.

Die sind froh, det se alleene nischt haben, als Antwort, wenn man sich nach Leuten erkundigt, die den betr. Erzähler schlecht aufgenommen haben.

Eene Nase wie 'n Lötkolben, für eine zu große Nase.

'Ne krumme Neune, und

Er schielt mit de eene Schulter, auch

Er hat 'n kleenen Verdruß,

für einen Verwachsenen.

Schiele Wippe, und

Er is 'n bisken schüchtern uf de Oogen, und

Er kiekt mit's rechte Ooge in de linke Westentasche, für einen Schielenden. Desgleichen:

Er hat 'n schenierten Blick.

Er pliert mit de Oogen, wenn Jemand viel „blinzelt" oder nicht ordentlich sehen kann.

Er sieht aus, als ob er mit's Jesichte uf 'n Rohrstuhl jesessen, für einen Pockennarbigen.

„Verheddern Se sich man nich mit de Beene!"

Der kann sich alleene wat in't Ohr sagen, für Jemanden, der einen großen Mund hat.

Verheddern Se sich man nich mit de Beene, und

Mach' Dir 'n Knoten in de Beene, wenn die Beine sehr lang sind.

Er jeht etwas blöde uf de Beene, wenn der Betreffende enge Stiefel an hat und deshalb nicht ordentlich aufzutreten vermag.

Der kann im Steh'n sterben, wenn Jemand zu große Stiefel hat.

De richtijen Schasseetreter, für zu große Füße.

Er hat Sebelbeene, für sogenannte O-Beine,

Semmelbeene auch *Bäckerbeene* für sogenannte X-Beine.

Er zieht 'ne Flabbe, daß de Milch sauer wird, wenn Jemand aus Unmut oder Eigensinn den Mund verzieht.

An die Stiebeln is ooch blos de Ventilation jut, für schlechtes Schuhwerk.

Treten Se sich man nich uf de Hoosen, wenn die Hosen zu kurz sind.

Det reene abjeknabberte Kirschkuchengesichte, für einen häßlichen Menschen.

Der da mit de Sardellensemmel, wenn Jemand seine wenigen Haare behutsam auseinander gekämmt hat, um die leeren Stellen zu bedecken.

Der Kopp wächst ihm durch de Haare, für einen Kahlkopf.

'Ne lebendige Anweisung auf Kraft, für einen mageren Menschen.

Er leid't an Knochenfraß, für einen Menschen, der nichts zu essen hat.

Dünn wie'n Streichholz.

Der reene Schmalz-Amor, und

Er jeht uf wie 'n Fannkuchen, für einen dicken Menschen.

Er sieht aus wie uf 'n Mühlendamm aus 'n Sack jejriffen,

Der reene Lord von' Mühlendamm, für Jemanden mit zusammengewürfelter Kleidung.

Blast mir 'n Stoob weg, in dem Satze angewandt: „Er sieht aus wie ‚Blast mir den Stoob weg', für einen Eingebildeten.

Er dut sehr ete-peteete, für einen Zimperlichen, Feinfühligen.

Der hat 'ne Elle verschluckt, wenn Jemand aufrecht geht.

Det richtije Backfeifenjesichte.

Der hat sich wohl een Glas ins Ooge jetreten? für Jemanden mit einem Monocle; für Einen, der einen Kneifer trägt:

Der mit seene vier Oogen

Wie aus't Ei jepellt, für einen elegant Angezogenen; ähnlich:

Det man Allens so knackt.

Riedig bis uf'n Knochen, und

Frech wie Oskar, für einen Frechen, Unverschämten.

Is 'n Aas uf de Jeije, für Einen, der forsch und keck zugreift.

'S is 'n jemütvoller Mensch, sehr ironisch für Jemanden, der nichts taugt.

So'n Drückeberger,

So'n fauler Kopp.

Er is jerührt wie Appelmus, für Jemanden, der gerührt, zerknirscht ist.

Er is falsch wie Jaljenholz, für einen Falschen, Hinterlistigen.

Een jelungener Kerl, stets in anerkennendem, lobendem Sinne.

Kleen — aber oho! man wird trotz seiner Kleinheit schlecht fertig mit ihm.

Det liejt bei ihm nich drin, „er kann's nicht".

Der is helle, er ist verständig, schlau, läßt sich nicht leicht betrügen.

Kinder wie de Bilder, für hübsche Kinder; auch ironisch.

Olle Jeheimerats-Jöre, für das Kind eines Geheimrats.

'S is 'n jesunder Junge, anerkennend, er ist schlau, oft auch für durchtrieben.

Du bist der beste Bruder ooch nich, „ich traue Dir nicht recht."

Nichts Jewisses weiß man nich von ihm,

Der is jut, der kann so bleiben, von Jemandem, über den man etwas Schlechtes gehört.

Det reene Naturkind, auch

63

Kinder wie de Bilder.

Die reene Unschuld, für „naiv".

So'n Potsdamer, und

Er is potsdemlich, für dumm, beschränkt. Ehe die Eisenbahn zwischen Berlin und Potsdam existierte, kamen auch die Potsdamer nur selten in die benachbarte Residenzstadt und staunten hier Alles fast ebenso an, wie die aus der entferntesten Provinz Gekommenen, ließen sich auch oft betrügen. Daher wohl der obige Ausdruck.

Der richtige Schmachtlappen, verächtlich von Einem, der nicht forsch, nicht schneidig ist. Ähnlich:

'Ne richtije Droomflöte, und

Der richtije Oeljötze. auch

So'ne Qualmtute, für einen langweiligen Menschen.

Mit dem kann man Wände inrennen, und

Det is 'n lieben Jott sein Reitferd, für einen Dummen. Desgleichen:

Der is noch dümmer, wie't de Polizei erloobt,

Rindvieh mit Eichenlaub, letztere Bezeichnung als besondere Steigerung, wohl von den Ordensbenennungen stammend: „Roter Adler-Orden mit Eichenlaub"

So'n Dämelack,

Er kommt wie aus'm Mustopp,

Der hat 'n anschlejschen Kopp — wenn er die Treppe runterfällt, verfehlt er keene Stufe,

Er hat 'n Brett vor'n Kopp,

Der Kerl is wie mit 'n Demelsack jeschlagen,

Der sieht ooch 'n Himmel vor'n Dudelsack an,

Hannefatzke Domino.

Der is ooch bei Pfeiffern in de Schule jejangen, ebenfalls für einen Dummen, auf den Kopf Gefallenen. In den 20er Jahren existierte in der Markgrafenstraße eine Pfeiffer'sche Privatknabenschule, in welcher die Disziplin sehr locker gehandhabt wurde und deren Schüler wegen ihrer Unwissenheit und Rüpelei eine gewisse „Berühmtheit" in Berlin erlangten. 1829 wurde die Schule von der Stadt übernommen und als V. Gemeindeschule nach dem Hause Lindenstraße 7. verlegt, verlor aber trotzdem nicht ihren „guten Ruf".

Der richtije Confusionsrat, für Jemanden, der leicht Konfusion anrichtet.
Sie sind in meinen Oogen een Patentfatzke,
Oller Krippensetzer,
Alter Stoppelhopser, letztere Bezeichnung besonders für Landleute,
Eene verdrehte Schraube,
Von so'ne Brüder 'n Dutzend, ironisch und verächtlich.
Een jroßet Tier, von einem Hochstehenden.
Een Kerl wie 'n Fund Wurscht, und
Wat der is, det bin ick schon lange jewesen, in verächtlichem Tone.
Der sitzt uf 'nem hohen Pferd, von einem Eingebildeten, desgleichen:
So'n Jroßkooz,
Jroßkooz von kleen Pankow,
Er hat 'n dollen Nagel, und
Stoß Dir man keene Verzierung ab,
Der steckt doch Bilder 'raus,
Aujust mit de Jewitterbacken, ebenfalls für aufgeblasen. Desgleichen:
Er jeht, wie der Storch im Salat,
Den Zahn laß Dir man ausziehn, für: „bilde Dir nur nichts ein".
Fall' man nich int' Essen, „ziere dich nicht zu sehr".
Der richtije Sechsdreier-Rentier, für einen kleinen Bürger, der sich viel einbildet.
Den hab' ick in' Magen, „ich kann ihn nicht leiden".

Det reene Unjlückswurm, für Jemanden, der oft Unglück hat.

Er steht uf de Kippe, „es geht ihm geschäftlich schlecht". Desgleichen:

Et jeht ihm dreckig.

Der macht bald de Bude zu, „er macht bald banquerott". Ähnlich:

Er is futsch jeworden.

Der is dicke durch! und

Der sitzt in der Wolle, „es geht ihm gut".

Seide kann er dabei ooch nich spinnen, „er macht keine guten Geschäfte".

Er hat mehr Schulden, wie Haare uf'n Kopp.

Er hat seinen Wunder, für Sorgen.

Der sitzt in der Tinte,

Er is unten durch,

Nu sitzt er da mit de Kenntnisse! auch

Nu sitzt er da mit des Talent — und kann es nicht verwehrten.

Er sitzt uf'n Proppen,

Jetzt sitzt er da mit 'n dicken Kopp, sämtlich für: „es geht ihm nicht gut".

Der Kerl is zum Abjewöhnen, und

Det reene Brechmittel, auch

Ick kann ihn nich beseh'n, „er ist mir unangenehm, verhaßt".

Er beißt 'n Jebildeten 'raus, „er tut so, als ob er etwas gelernt hätte".

Der läßt sich nischt abjehn, „er lebt gut".

Der versteht den Rummel, „er kann etwas".

Er jeht druf wie Blücher, auch

Er jeht feste 'ran, wie Pampe, „er geht forsch auf sein Ziel zu", „läßt sich nicht leicht einschüchtern".

Wenn man den an de Wand schmeißt, denn bleibt er kleben, von einem schmutzigen Menschen.

Er rennt wie 'n Bürschtenbinder. Früher verkauften in Berlin die Bürsten-

„Er jenießt seine Schwiejereltern kalt."

binder ihre Waaren auf der Straße und zeichneten sich dabei durch eine starke Gangart aus.

Hat der aber 'n Dusel! „er hat besonderes Glück".

Er sieht aus, als ob er Heiterkeit zu verkaufen hätte, soll der Physiker Magnus von dem stets frohgelaunten Direktor Spilleke gesagt haben.

Er spuckt de Schwäne uf'n Kopp, „er hat nichts zu tun". Stammt wohl daher, daß die „Eckensteher" sich auch viel auf den Spreebrücken aufhielten, den Schiffern zublickten und „den Schwänen auf den Kopf spuckten".

Er hat 'n Pips weg, „er ist krank".

Er is nich bei Weje,

Der ist reif für Dalldorf,

Dem ist auch 'ne Schraube locker, „es ist nicht ganz richtig mit ihm."

Er hat den Kopp voller Raupen, „es spuken dumme Ideen darin."

Det is seine Forsche, und

Det hat er 'raus! auch

Er is druf jeaicht, „das versteht er besonders gut".

Er macht 'n Jesicht, wie de Katze, wenn 't donnert, von einem plötzlich Überraschten.

Der vettermichelt sich überall an, und

Er is immer sehr drum 'rum, von Jemandem, der überall dabei ist, sich überall angenehm macht.

Er hat Allens an't Been jebunden, „er hat viel verschwendet".

Der kann sich vor Jeld sehen lassen, „er ist so dumm, so töricht".

Der saugt Hungerpooten,

Er is uf 'n Kien, und

Er is sehr uf de Jroschens, „er paßt auf, ist geizig." Desgleichen:

Er lejt Allens uf de hohe Kante!

Er (oder sie) hat was in die Suppe zu brocken, von Jemandem, der einiges Vermögen hat.

Er sitzt wie de Klammer uf de Leine, von einem schlechten Reiter.

Wo der hinhaut (hintritt), wächst keen Jras, von einem Grobian.

S' ist 'n feiner Fleischwaarenhändler, für einen Vater heiratsfähiger Töchter.

Er jenießt seine Schwiejereltern kalt, von Jemandem, der eine Waise geheiratet hat.

Er spielt sich uf 'n Ehrpusselijen 'raus, „er tut naiv, hat's aber dabei hinter den Ohren".

Er wackelt schon mit 'n Kopp, für einen Alten.

Den kann man ooch 'n Baterunser durch die Backen blasen,

Er sieht aus wie 'n Häufken Unglück,

Er sieht aus wie ausjespuckt (wie Braunbier und Spucke),

Er sieht aus wie 'ne lebendije Leiche,

Er sieht janz jeistlich aus, sämtliche Ausdrücke für kränkliche, schwache Menschen.

Der is immer jleich so jlubsch, so grob, ungeschickt. Desgleichen:
Jrob wie Bohnenstroh.

Er hat keenen Pli nich, kein ordentliches Benehmen.

Er hat's faustendick hinter de Horchlappen, „er ist hintertrieben".

Der Mann hat Jrundsätze,

Er kommt wie de Flieje aus de Buttermilch, wenn Jemandem etwas passiert ist und er unglücklich dreinschaut.

Kleene Kruke mit 'n jroßen Proppen, für einen eingesegneten Jungen mit Zylinder.

Er hat hell'sche Manschetten, hat Angst, Bange vor etwas.

Der hat wohl 'ne Elle verschluckt, für einen steifen Menschen.

Er hat jroße Rosinen in 'n Sack, er hat viel Pläne.

Er hat keenen Mumm nich, keine Lust.

Sie haben wohl Boomwolle in de Ohren? zu einem Schwerhörigen.

Det sticht mal so drin in' Menschen, er kann nicht anders, es ist seine Natur.

Der hat Quecksilber im Leibe, für einen Beweglichen.

Lang wie der Dag vor Johanni, für einen besonders Großen.

Er schweigt sich aus, für einen Schweigsamen.

Der kann 'n juten Puff vertragen, für einen wenig Empfindlichen.

Der is in de Wolle jefärbt, „Der ist echt", „mit dem ist wenig anzufangen".

Een furchtbarer Umstandskommissarius, für einen Unpraktischen.

Er muß überall seinen Senf zujeben, für einen Vorlauten.

Een komischer (jemütlicher) Knopp,

Een jerissener Kunde,

Frisch wie 'n Fisch, für einen Beweglichen, Frischen.

Er is nich uf 'n Kopp jefallen, und

Der is nich von jestern, auch

Der hat's in sich, „er ist nicht dumm."

Der kann mir jestohlen werden, „ich mag ihn nicht."

Er is bekannt, wie 'n bunter Hund,

Det is der beste Bruder ooch nich, „man darf ihm nicht recht trauen".

Desgleichen:

Is ein ganz windiger Kerl.

Er ist nicht dodt zu kriegen. „er hält tüchtig aus",

Der redt' ooch det Blaue vom Himmel. von Jemandem, der übertreibt.

Der redt' in een'n Bogen, und

Der hat 'ne richtige Dreckschleuder, von einem sehr Redseligen.

Er schimpft wie'n Rohrsperling,

Er hat sein' Affen Zucker jejeben, „er ist heute besonders vergnügt".

„Er hat sein' Affen Zucker jejeben."

XVII.
Zweifel, Übertreibungen, Lüge.

Det trau ick mir ja nich zu jlooben, wenn ernsthaft etwas Unerhörtes erzählt wird.

Wir woll'n 'n 'mal uf 'n Zahn fühlen, „wir zweifeln an ihm, wir wollen ihn einmal prüfen."

Der Zimmt is jut, auch

Det ist der reene Zimmt, für Lügen. Desgleichen:

Det is fauler Zauber, und

Det is starker Toback,

Na det redt eenem Andern vor.

Die Sache muß befummelt werden, „wir zweifeln noch am Gelingen", „wir müssen es uns noch einmal überlegen".

Ick bitte Sie um dausend Achtjroschenstücke, Ausruf des Erstaunens, des Zweifels, wenn etwas Merkwürdiges erzählt wird.

Mach mir keenen blauen Dunst vor, „lüge mir nichts vor".

Det laß ick mir nich ausreden, wenn Jemand zweifelt. Soviel wie: „Ich glaube fest daran, daß es wahr ist".

Jloben duh' ick 't ihm nich, aber lüjen dut er doch ooch nich.

Da kannste Dir heilig druf verlassen, „daß dies und jenes passirt ist".

Dochte sind keene Lichte, als Antwort, wenn Jemand sagt: „Ich dachte mir dies und dies."

Wer't jloobt, wird seelig,

Det jeht uf keene Kuhhaut, „so groß war die Lüge, die erzählt wurde."

Det is starker Toback.

Det is beinah' schon nich mehr wahr, wenn etwas als interessant erzählt wird, was schon längst bekannt war.

Es is schon vorjekommen, daß 'n Nachtwächter bei Dage jestorben is, als spöttische Antwort, wenn gar zu Seltsames berichtet wird.

Det is mir 'ne Pretzel, „das ist mir ganz rätselhaft."

Sei'n Se milde, „lügen Sie nicht gar zu sehr!"

Schreien hilft nich — Tatsachen beweisen, „versuch' garnicht erst mehr zu leugnen."

XVIII.
Arbeit und Vergnügen.

Det jing wie noch nie! „so rasch wurden wir mit der Arbeit fertig."

Immer 'ran an de Ramme, „schnell, an die Arbeit," und als Antwort:

Langsam un mit Jefühl.

Er quält sich wie de Made in'n Speck, von Jemandem, der sehr fleißig ist.

Duhn duhn woll'n se nischt, aber nischt duhn, det woll'n se duhn,

Det jeht wie jeschmiert, so flink, so schnell.

Davon wirst De doch nich alle, „wenn Du noch diese Arbeit tust."

Det kommt jleich nach Hundeflöhen, für eine unangenehme Beschäftigung.

Wat steht man vor'n Verjnüjen nich Allens aus, wenn das Vergnügen mit Schwierigkeiten verknüpft ist, z. B. wenn man auf einer sommerlichen Landpartie im Kremser sehr eng zusammen sitzt. Ähnlich:

Ick amüsier' mir doch,

Herrjott, sind wir verjnügt, und haben't ja nich nötig!

XIX.
Liebe und Freundschaft.

Wer kann vor seine Jefühle? Ausruf eines Verliebten, gewissermaßen als Entschuldigung.

Er is verliebt wie 'n Stint,

Die Juste stecht Dich wohl in de Nase, zarte Anfrage: „es ist wohl die Juste, in welche Du verliebt bist?"

Sie is eene zum Anknabbern, „so süß, so zum Verlieben ist sie."

Der Jejenstand meiner Jefühle, wenn von der Geliebten gesprochen wird.

Verplämpern Sie sich man nich, Warnung, sich nicht in eine bestimmte Persönlichkeit zu verlieben.

Unsere Liebe wird doch keen Loch kriegen?

Er will mit Extrapost unter die Haube kommen, von Jemandem, der es mit dem Heiraten eilig hat.

Ick hab' Dir zum Fressen lieb.

Heute sind se von de Kanzel jefallen, „sie sind heute aufgeboten worden".

Ein Lasttier ehelicher Glückseligkeit, sehr ironisch vom Manne, der unter dem Pantoffel steht, gemeint.

Ick lasse meinen Drachen steijen, „ich gehe mit meiner Frau spazieren."

Ick jeh' meene Olle bejießen, „ich gehe zum Grabe meiner Frau."

Den kenn ick wie 'n Dreier, und

Den kenn ick wie mein' kleenen Finger, „mit dem bin ich gut befreundet".

De Pauke hat'n Loch, „die Freundschaft ist aus".

„Ick jeh' meenen Ollen bejießen."

XX.
Schadenfreude und Spott.

Der hat jut jespuckt, von Jemandem, der sich sehr geärgert hat. Ähnlich:
Det hat ihn eklig verschnuppt,
Er ärjert sich de Platze,
Die Angst jönn' ick keenen Hund.
Mit 'n jrößten Frachtwagen, ironisch gemeint, wenn Jemand etwas tun soll, was er nicht gern tut. Ähnlich:
Det kann mir jrade noch 'rausreißen,
Nee, über Ihnen aber ooch! „wie Sie auch sind," sehr spöttisch.
Da kann noch mehr liejen! und
Da scheint wat zu fallen, wenn etwas hingefallen ist.
Erst können vor lachen! spöttische Aufforderung: „Tu' es nur erst, Du kannst es ja doch nicht."
Da müßte mein Herz 'n Affe sind, „wenn ich das tun sollte."
Haben Se nich 'n Ablejer davon? ironische Frage, z. B. von Kindern, aber auch von persönlichen Eigentümlichkeiten.
Ick lach' mir die Hucke voll, und
Ick freu' mir diebisch.
Danke, Komma, als ironische Quittung.
'N ander Mal, wenn 't wieder so kommt, „dann werde ich Ihnen gern den Gefallen tun."

77

Paul Lindenberg, geboren 1859 in Berlin und gestorben 1943 ebenfalls dort, war deutscher Journalist und Schriftsteller. Über Berlin verfasste er zahlreiche Bücher, Aufsätze und Feuilletons.

Björn Kuhligk, 1975 in Berlin (West) geboren, wuchs in Berlin auf und lebt dort mit seiner Familie. Zuletzt erschien von ihm das Buch „Kurzstrecke – Neue Berliner Szenen"

Jakob Hinrichs, *1977, ist ein Berliner Comiczeichner, Illustrator und Grafiker. Seine Zeichnungen erscheinen international in Zeitungen und Magazinen, seine Graphic Novels „Traumnovelle" und „Hans Fallada – Der Trinker" wurden in mehrere Sprachen übersetzt.

Octave Uzanne

Das Ende der Bücher

Auszug aus „Geschichten für Bibliophile", 1894

Illustriert und gestaltet von Steph von Reiswitz

Mit einem Nachwort von Jochen Hörisch.

17x17 cm, 48 Seiten, 26 Illustrationen.

Berlin, 2021

ISBN 978-3-96849-001-4

In dem Text wird Erstaunliches verhandelt. Acht gelehrte Männer unterschiedlichster Profession räsonieren, inspiriert durch einen Vortrag des Physikers William Thomson, in einem Londoner Club bei reichlich fließendem Champagner über die Zukunft. Der druckhistorisch bewanderte Bücherfreund entwirft spontan eine Welt, in der Bücher nicht mehr gelesen, sondern gehört werden! Der Mensch suche das Bequeme, und „das Lesen, wie wir es heute praktizieren", führe nun mal „schnell zu starker Ermüdung". Er prophezeit, dass „der Phonograph vermutlich die Druckkunst vernichten" wird, dass Bibliotheken dann zu „Phonographotheken" und Bibliophile zu „Phonographophilen" werden. Seine Argumentation ist bestechend.

Silvia Werfel
in der Bücher-Wandelhalle

79

Impressum.

Wir haben uns weitgehend dafür entschieden, die ursprüngliche Rechtschreibung beizubehalten. Gelegentliche Korrekturen haben wir nur vorgenommen, um den Text verständlich zu machen.

© Favoritenpresse, Berlin 2021
Die Favoritenpresse ist ein Imprint der Verlagsagentur Bodo von Hodenberg
Alle Rechte vorbehalten, Weiterverarbeitung und Vervielfältigung nur mit ausdrücklicher Genehmigung des Verlags.

© für das Vorwort: Björn Kuhligk
www.kuhligk.com

80

© für die Illustrationen: Jakob Hinrichs
www.jakobhinrichs.com

Gestaltung: Jakob Hinrichs

Druck vermittelt durch: Couleurs Print & More GmbH
www.couleurs-print.com

Es erscheint eine Vorzugsausgabe mit signiertem Print.
Erhältlich direkt beim Verlag.
Informationen zum Verlagsprogramm:
www.favoritenpresse.de

ISBN 978-3-96849-036-6